-Tiefsinniges-
und
-Unsinniges-

Erdacht und gereimt von
Eddie Hofmann
und
Rafael Bopp

„Herstellung und Verlag:
BoD – Books on Demand, Norderstedt"

Bibliografische Information der Deutschen Nationalbibliothek: Die Deutsche
Nationalbibliothek verzeichnet diese Publikation in der Deutschen
Nationalbibliografie; detaillierte bibliografische Daten sind im Internet über
www.dnb.de abrufbar.

ISBN 9783732289271

Der Kahlköpfige

Ein Mann ist mit einem Kahlkopf gesegnet
der wird natürlich nass wenn es auf ihn regnet.
Das ist dem Mann nicht sehr bequem,
darum hat er ein ausgeklügeltes System.
Dicht beim linken Ohr einen Scheitel er zieht
und die Haare zum rechten Ohr er frisiert.
Die Glatze ist verschwunden, ist das Magie?
Nein, ganz einfache Robin Hood Ideologie.

Text: Eddie Hofmann Illustration: Rafael Bopp

Das ABC der Völker

Araber trinken keinen Alkohol, darum ist es ihnen meistens wohl.

Berliner hatten ihre Mauer, mit Stasi immer auf der Lauer.

Chinesen hatten ihren Mao, drum sitzen sie jetzt im Kakao.

Deutsche können alles am besten, darum sind sie das führende Land im Westen.

Engländer haben adlige Lorde, der Rest der Bevölkerung ist nur Horde.

Fidschijaner sind keine Indianer, sondern einfach Fidschijaner.

Germanen kamen aus dem Norden, überfielen die Römer mit großen Horden.

Hotentotten leben ohne Sorgen, sie haben sich im Urwald verborgen.

Italiener haben ihre Mafiosi, la vita ist halt eben cosi.

Kurden geht es leider schlecht, sie kämpfen um ihr Menschenrecht.

Letten haben sich von den Russen befreit und erstreben nationale Einigkeit.

Mongolen sind alle schlitzgeäugt, schon mancher Reisender hat das bezeugt.

Niederländer trinken Genever, das geht dann meistens auf die Leber.

Omanen werden von Scheichen regiert, deren Frauen sind nicht emanzipiert.

Perser verhüllen ihre Frauen, deshalb kann man sie nicht beschauen.

Querulanten gibt es in allen Nationen, was anderes würde mich verwohnen.

Ruander, es ist zum Verzagen, tun sich gegenseitig erschlagen.

Spanier sind unzuverlässige Leute, komme ich nicht morgen, komme ich heute.

Thailänder haben ihre Prostitution, eine reisefördernde Institution.

Ungaren essen scharfe Wurst, das gibt natürlich Riesendurst.

Venezuelaner sind impulsiv, deshalb geht es manchmal schief.

Wädenswiler wohnen im Zürcher Kanton, in der Nähe von Pfäffikon.

Xerxer kommen von einer anderen Sphäre, ohne sie das ABC nicht vollständig wäre.

Yverdoner tun französisch sprechen, lieber als mit Deutsch zu radebrechen.

Zulukaffen sind mit Affen nicht verwandt, den meisten Leuten auch bekannt.

Text: Eddie Hofmann

Mittwaldsnacht
Ein Rollgebrüll tobt durch die Nacht
Eulen unzen, der Flieder wacht.
Kauzig lauschen Klappgestüte,
s'ist Mittwaldsnacht, du meine Güte.

Punker Otto
Das ist die Geschichte vom Punker Otto,
auffällig zu sein das ist sein Motto.
Mit ganzem Stolz zwängt er sich in seine Kluft,
die Haare stehen ihm senkrecht in die Luft.

Er behandelt sie mit Gel, Farbe und ein wenig Schlamm
und siehe da, schon steht der Hahnenkamm.
So läuft er alle Tage durch die Strassen und Gassen
und hört nicht auf die Gesellschaft zu hassen.

Das war die Geschichte von Punker Otto,
auffällig zu sein, das war sein Motto.
Wie gut, dass es nun niemand weiß,
dass Otto zehn Jahre später mit viel Fleiß

und ohne Kamm eine Buchhalterlehre absolvierte
und anschließend sogar zum Oberbuchhalter promovierte.
Heute hat er ein Auto, Frau und Kind
und einige seiner Hobbys sind:

Kreuzworträtsellösen und Fahnenschwingen,
Alphornblasen und Heimatlieder singen.
Das ist die Geschichte vom Buchhalter Otto,
unauffällig zu sein das ist sein Motto.

Erschütternde Nachricht
Hochwohlgeboren ist samt
Ohren
erfroren.

Ein Leben lang im Gang

Im Gang
im Gang
er sang
ein Liedchen fein
im Gang allein
er sang
im Gang
Im Gang
hat alles Klang

Er schleudert seine Beinchen
er schaukelt mit dem Bauch
singt du bist mein Meinchen
mit liebeszartem Hauch

Im Gang
im Gang allein
singt er von der Welt
singt von ihr
singt wie's ihm gefällt
im Gang
Im Gang fing alles an
Im Gang nahm alles seinen
Gang

Im Gang
im Gang
ein Leben lang
im Gang

Vorhang

Text: Rafael Bopp

Der letzte Akt

Der Mensch hat sich überflüssig gemacht,
wer hätte das ahnen können neunzehnhundertacht.
Er hat seine Seele den Computern abgetreten
und verschwindet in virtuellen Realitäten.
Die menschliche Rasse wird jetzt ausgerottet,
auseinandergenommen und verschrottet,
von Robotern aus dem Intergalakt,
das ist des Menschen letzter Akt.
Dinosaurier werden die Breschen füllen
und vermutlich werden sie enthüllen,
wie der Mensch die Erde zerstörte
und Gott den Allmächtigen im Himmel empörte.

Die Krone der Schöpfung?

Als Säuglinge lallen sie niedlich in ihrer Wiege,
als erwachsene Männer führen sie Kriege.
Sie verschmutzen die Gewässer und die Luft,
Homo Sapiens du bist ein Schuft.
Mensch du bist vermessen, was fällt dir denn ein,
wie kannst du die Krone der Schöpfung sein.

Der Käselochbohrer

Ein Käselochbohrer wohnt in Sion,
mit Käselochbohren verdient er seinen Lohn.
Beim Käselochbohrenmaraton
gewann er viele Preise schon.
Er ist ein Meister auf seinem Gebiet,
eine wahre Freude ist es wenn man sieht,
wie vollendet sein Käselochbohren ist
und er darnach die Löcher auffrisst.

Die Gewässer

Lieber Mensch schone doch die Gewässer,
dann geht's uns nämlich wesentlich besser.

Text: Eddie Hofmann

Im Lande DaDa

Haben sie schon einmal einen schwarzen Schwan gesehen,
oder einen Stier mit starken Wehen.
Nein? Dann nichts wie los ins Land der Verrückten.
Träumen sie nun den Traum der Entrückten.

Ihren Verstand geben sie ab als Pfand,
vor dem Eintritt ins besagte Land.
Hinein mit ihnen sie hoffnungslos Korrekter,
mir nach sie unheilbar Gestreckter.

Das Tor ist auf, machen sie den ersten Schritt,
zerschlagen sie den Konventionenkitt.
Hier ist ein Wägelchen auf Schienen,
also nichts wie hinein mit ihnen.....

Prähistorisches
Einemmammutfehltesananmut

Im Fernsehen
Aufgemotzte Hotzenplotze
rotzen durch die Possenglotze.

Die Fliegen
Wenn Fliegen nicht fliegen täten,
täten sich Fliegen immer verspäten.

Hinweis (geflüstert)
Abends wenn die Bösen dösen
kann man ihre Oesen lösen.

Die Flamme
Wenn Flammen der Liebe erlöschen,
werden Prinzen wieder zu Fröschen.

Langhalsige Aussichtstürme
Giraffen verschaffen Affen Aussicht zum gaffen.

Text: Rafael Bopp

Der Ersatzteilmensch

Auf der Hebebühne wird er auseinandergeschraubt,
geschmiert, repariert und wieder zusammengebaut.
Auf dem Prüfstand lässt man ihn darnach testen,
für eine tadellose Funktion ist das am besten.
Was da repariert wird ist aber kein Wagen,
sondern ein Mensch namens Brutus von Hagen.
Als Gehirn hat Brutus einen Computer
und im Kiefer eine Schraube und eine Mutter.
Seine Arme sind gesteuert pneumatisch
und die Finger bewegen sich automatisch.
Seine Haare bestehen aus Nylon
und die Hüftgelenke aus Teflon.
Sein Geschlechtsteil ist eine Gummiattrappe,
sein Schienbein ist gehärtete Pappe.
Aus Latex besteht seine ganze Haut,
seine Füße wurden ihm abgeschraubt.
Durch Schlittschuhe wurden sie ersetzt,
bei der periodischen Wartung gründlich gewetzt.
Sein Knie ist konstruiert aus rostfreiem Stahl,
man hatte nämlich keine andere Wahl.
Eisen hätte zwar weniger gekostet,
aber das Knie wäre dabei verrostet.
Essen und trinken braucht Brutus nie,
er ist angetrieben durch eine Batterie.
Und wenn er als Mensch dann nicht mehr taugt,
wird er in einen Gebrauchtwagen umgebaut.

Der Chinese

Weltweit ist es bekannt, dass es so ist,
dass man in China Hundefleisch isst.
Ein Chinese ist in den Westen emigriert
und hat sich da schnell emanzipiert.
Er entdeckte Hundefleisch im Warenhaus
und kochte sich damit einen herrlichen Schmaus.
Mit dem Hundefleisch schuf er die köstlichsten Gerichte,
dass er Hundefutter isst, ist das Komische an dieser Geschichte.

Text: Eddie Hofmann

9

Der Ersatzteilmensch im Jahr 9087

Illustration: Eddie Hofmann

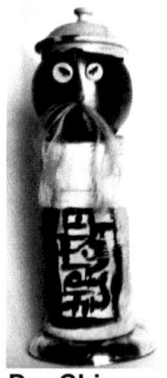

Der Chinese

Illustration: Rafael Bopp

Nachrichten aus dem All

Merkur Merkwürden und das Fräulein
von der Milchstraße heiraten
Knall auf Fall
im All.
Die Flitterwochen verbringen sie
mit Flügelpferden
direkt bei uns auf Mutter Erden.
Wir sind dabei auf jeden Fall,
soweit das Neuste aus dem All.

Heilung eines Kometen

Lassen sie das Rasen sein,
das Rasen macht sie heiß und klein.
Sie müssen sich in Muße üben,
sonst wird's nicht besser mit den Fieberschüben.
Und als der Komet das hörte,
was den Sternendoktor an ihm störte,
versprach er hoch und heilig,
er nehme es nun nicht mehr eilig.
Er verschwand wie ihm empfohlen
auf äußerst leisen Sohlen.
Geheilt von seiner Geschwindigkeitssucht,
dümpelt er noch heute in einer Weltallbucht.

Im Regenfloss

Apfel knatter Zwirn und Hau,
Himmel Hummel Wolkenstau.
Graugericht und Donnerstoss,
wache ich im Regenfloss.

Zwei Stühle begegnen sich

Jeder musste rennen, laufen, hetzen,
nun wollen sie sich endlich setzen.
Doch wer auf wen?
Wer darf sitzen, wer muss tragen?
Zu groß war das Problem, sie trennten sich - Auf Wiedersehn.

Text: Rafael Bopp

Es ist verboten:
Mitgliedern das Glied zu entfernen.
Bürger auszubürgern.
sich in den Liebhaber seiner Frau zu verlieben.
Lawinen zu exportieren.
Gartenzwerge auszurotten.
Finanzhaie zu fischen.
für Schürzenjäger, ohne Jagdlizenz zu jagen.
seinen Helikopter auf dem Parkplatz seines Nachbarn zu parken.
das Atom-U-Boot des Nachbarn zum Wasserskifahren zu verwenden.
für Hochstapler, ohne amtliche Bewilligung über 3 Meter zu stapeln.
Gedankenlose zu verlosen.
Oberste zu erniedrigen.
Möbelhändler zu vermöbeln.
Scheinheiligen den Heiligenschein zu entwenden.
fremden Leuten in der Nase zu bohren.
unbekannten Damen im Bus auf den Schoss zu sitzen.
Gästen im Restaurant das Bier auszutrinken.
Die Zigarette im Bier eines Gastes auszulöschen.
rückwärts mit 150 Stundenkilometer durch Einbahnstraßen zu fahren.
einen Polizisten mit seiner Dienstpistole zu bedrohen.
anderen Menschen die Fingernägel abzukauen.
dem Nachbarn bei der Morgenstunde das Gold aus dem Mund zu nehmen.
Heuschrecken im Heu zu erschrecken.
Purzelbäume in Schrebergärten zu züchten.
mit Brühwürfeln Karten zu spielen.
Gleichbehandlungen ungleich zu behandeln.
eine Verhandlungsrunde in eine viereckige zu verwandeln.
einen Tastenfernsprecher in der Nähe zu haben.
einen Störungsdienst zu entstören.
eine Steuererleichterung zu erschweren.
eine Ambiente als einen Ambischwan zu verkaufen.
Elefanten als Handgepäck ins Flugzeug zu nehmen.
dem Einfaltspinsel den Pinsel wegzunehmen.
nicht erlaubte Dinge zu erlauben.
Es ist verboten Verbote zu verbieten.

Text: Eddie Hofmann

Der Wolkenfänger

Jeden Morgen legt er sich auf die Lauer,
heut jedoch ist der Himmel unbarmherzig blau.
Nirgendwo auch nur ein Schauer,
bemerkt der kluge Jäger schlau.
Seit vielen Jahren schon arbeitet er geduldig,
der Erfolg bleibt ihm stets versagt.
Das Firmament ist ihm seit je her was schuldig,
so wird das Glück halt eben vertagt.
Einmal wird es ihm schon gelingen,
die weißen Riesen in die Knie zu zwingen.
Und hat er erstmals eine Wolke gefangen,
dann stehen die Leute in langen Schlangen.
Sie werden sich raufen
um bei ihm Wolken zu kaufen.
So bleibt der Mann guten Mutes,
denn er weiß er tut was Gutes.
Und im Übrigen ist der Wolkenfänger
stolz auf den Beruf,
den er nämlich selbst erschuf.

Text und Illustration: Rafael Bopp

Eine absurde Geschichte

Eine Jungfrau namens Marianne
kochte Eier unter einer Tanne.
Marianne kam aus bester Familie,
zwar glaube ich sie heißt Emilie.
Also, Emilie hat hier Kartoffeln gebrütet,
um sie hat ein wilder Sturm gewütet.
Hier brütete Emilie in diesem Sturm,
Gemüse unter einem grauen Turm.
Der grüne Turm unter dem sie schlief,
war rund und hoch und ziemlich schief.
Das rülpsende Mädchen hieß Mona Lisa,
sie verkaufte Bananen beim Turm in Pisa.
Eine Melone verkaufte sie an Julius Messer,
der war bekannt als Felsenfresser.
Der hatte sich auf diesen Apfel gesessen
und hatte dann die Alpen aufgefressen.
Statt Alpen gibt es jetzt hier Savanne,
da sitzt eine Jungfrau namens Marianne
und isst ein Ei, ein Ei und zwei Eier,
neben einem ausgetrockneten Weiher.
Im Weiher schwimmt eine tote Ente,
ohne Fallschirm und ohne Altersrente.
Doch was solls, die Ente ist imaginär,
da kommt ein blinder Jäger daher.
Aus Versehen erschießt er Mona Lisa,
darum ist der Turm jetzt schief in Pisa.
Der Apfel wurde von Wilhelm Tell verwendet
und hat damit die Herrschaft von Habsburg beendet.
Marianne hat den Nobelpreis bekommen,
und die tote Ente ist davongeschwommen.
Im Entenhimmel schnattert jetzt die Ente
und bezieht vom Staat eine Altersrente.
Mona Lisa wurde von dem Jäger adoptiert,
den Felsenfresser hatte man kastriert.
Dann fraß der die Eier ganz verwegen,
Eierfresser heißt er nun deswegen.

Text: Eddie Hofmann

Die Schnecke

Der Fahrtwind bläst der Schnecke um die Fühler,
sie rennt vorbei am staunenden Wühler.
Ist es Wirklichkeit oder Schein,
das kann die doch nicht von allein.
Sie hat sich das sehr wohl in den Kopf gesetzt,
ab jetzt wird nicht mehr geschlichen,
ab jetzt wird gehetzt.
Sie überwindet im Nu die längsten Räume,
hüpft, springt, schlägt Purzelbäume.
Fliegt über winzige Käfer und krabbelnde Wichte.
Aber das Unglaublichste an der Geschichte:
Für die Eilzugeskapaden
braucht die Schnecke weder Füße noch Waden.
Ihre imaginären Beine
verschafft sie sich durch Einbildungskraft ganz alleine.

Fall ins All

Erschöpfte Planeten in gelben Pantoffeln
schreiten durch den Wüstensand.
Trinken Wasser, essen Kartoffeln,
schreiten bis zum Weltenrand.
Schauen hinab ins schwarze Loch,
ein vertrauter Anblick,
die Heimat, es gibt sie noch.
Sie stürzen sich in die Dunkelheit
und rotieren in alter Herrlichkeit.

Ein Besuch

Der Optiker zerrte wie verrückt,
die Brille abzunehmen war ihm nicht geglückt.
Und als er sich ein wenig besann,
dämmerte es dem jungen Mann.
Seine Kundin, ihm wurde angst und bange,
war nichts anderes als eine Brillenschlange.

Text: Rafael Bopp

Autofahrer
Was macht denn der Trottel mitten auf der Straße?
Natürlich ein Ausländer, so eine doofe Rasse.
Wieso hupt der hinter mir, was soll denn das sein,
heh Sie, Sie Dummkopf, Sie sind ein blödes Schwein.
Wie parkt denn die da, das ist ja zum Heulen,
kein Wunder ihr Auto ist voll von Beulen.
Was will denn der Porsche, will der mich erschrecken?
Vollgas, der kann mich dahinten lecken.
Wieso bremst die da vorne, die blöde Sau?
Nun ja man versteht es, sie kommt von Aarau.
Außer mir gibt es im Verkehr nur Idioten,
hätte ich was zu sagen, hätte ich alle verboten.

Das Klatschweib
Haben sie schon davon gehört?
Die Meierin von oben sei so eine!
Also ich bin wirklich empört,
sie verstehen ja schon, was ich da meine.
Und unter anderem hat sie auch,
eigentlich braucht ich's ja nicht zu erwähnen,
denn so was ist bei uns gar nicht der Brauch.
Also die Meierin sollte sich wirklich schämen.
Mit solchen Leuten muss man zusammen wohnen,
möchte mich der Herrgott davor verschonen.

Gnädige Frau
Ihr Dekolleté, o herrje!
Ihr Negligé, beim Intimsoirée!
Ihr Metier, auf dem Kanapée!
Auf dem Kanapée, juchhe, juchhe!
Ihr Renomée, o weh, o weh!
Das Resümée, allons baiser!

Im Zoo
Im Zoo in der Abteilung Menschenaffen,
können die Affen Menschen begaffen.

Text: Eddie Hofmann

Doppelsturz

Sturz in die Schlucht,
Aufprall mit Wucht,
Empfang auf Wolke acht,
zu früh an uns gedacht.
Sprach das Engelsoberhaupt,
das ist leider nicht erlaubt.
Stößt ihn rasch zurück,
in das alte Erdenglück.
Abermals Sturz in die Schlucht,
wieder Aufprall mit Wucht.
Auf Erden soll es weitergehn,
bis wir uns mal wiedersehn.
Rief der Engel hintendrein
und verschwand samt Heiligenschein.

Kannibalen

Zum ersten Mal beteiligen sich auch Kannibalen an freien Wahlen.
Ihre Anliegen sind mehr Menschlichkeit in allen Belangen.
Sogar bis in die Gastronomie können ihre Denkanstöße gelangen.
Zum Beispiel sollte auf tierische Fette gänzlich verzichtet werden,
Schluss mit dem unsinnigen Morden von Rinderherden.
Man muss seinen Geist nur etwas weiten,
es gibt da ganz andere Möglichkeiten.

Zeitlos

Die Zeit seilte sich ab und verschwand,
genau dort wo man die Gegenwart fand.
Befreit von Plan und Erinnerung,
kamen Menschenherzen endlich in Schwung.

Lebensweisheit der Pharaonen während und nach dem Leben

Gutbetucht ist halb gewonnen.

Das Gras

Das Gras wächst sich im Himmel fest,
wenn man es nur lässt.

Text: Rafael Bopp

Miles Davis
Miles Davis ging von Haus zu Haus
und verkaufte den Leuten Ohrenschmaus.
Im Trompetenetui verwahrte er seine Noten,
doch an vielen Türen stand "für Schwarze verboten."
Diese Türen ließ er sein,
er klopfte beim Nachbarn: "kommen Sie herein".
Er öffnete sein Etui aus Ebenholz
und zeigte seine Trompete mit berechtigtem Stolz.
"Blue notes spiele ich für einen Dollar fünfzig,
auch Bebopphrasen sind heute sehr günstig.
Sehr teuer ist das motherfucking forte,
teurer als das motherfucking mezzoforte."
Diese motherfuckerei hat den Nachbarn verwirrt,
"mein bester Herr Davis sie haben sich geirrt.
Bebop und Blue notes verstehe ich nicht,
haben sie denn kein lyrisches Gedicht?"
Betrübt sagte Miles "ich habe es verpfändet,"
so wurde dieser Besuch erfolglos beendet.
Er verließ das Haus und krächzte heiser:

"So ein motherfucking Weisser."

Text und Illustration: Eddie Hofmann

18

Frage an einen Wirtschaftsexperten

Wie könnte man die Arbeitslosenzahlen senken?
„Einen kleinen Moment nur, lasst mich denken.
Ah, ich hab die Lösung schon gefunden,
so kann unser Land gesunden.
Produziert Halstücher für Giraffen
und ihr werdet Millionen Arbeitsplätze schaffen."

Emanzipation eines Gedichts

Ein Gedicht schrieb sich selbst zu Ende,
gab jäh der Dichtung eine Wende.
Der Dichter fand es unerhört,
dass das Gedicht ihn bei der Arbeit stört.
Schlussendlich sah er es dann ein,
sogar Gedichte wollen gleichberechtigt sein.

Text und Illustration: Rafael Bopp

Die Schafsköpfe

Ein Mann wurde nach einem Unfall operiert,
doch der Arme ist dabei krepiert.
In seinem Testament hatte er sein Gehirn doniert,
das wurde dann einem Schaf einoperiert.
Das Schaf wurde geklont und was ist passiert,
zwei Schafsköpfe sind jetzt herumspaziert.
Man klonte neue Schafsköpfe ohne Ende,
doch die Klonerei nahm eine schreckliche Wende.
Die geklonten Schafsköpfe nahmen überhand
und verdrängten die Menschen in jedem Land.
Die Erde wurde nun von Schafsköpfen regiert,
die Menschen wurden in Tiergärten interniert.
Da konnten die Schafsköpfe die Menschen begaffen,
im Käfig neben den Menschenaffen.
Jetzt sind die Menschen längstens verschwunden,
vielleicht werden sie von einem Schafskopf wieder erfunden.

Das Wandern

Das Wandern ist des Müllers Lust,
doch Wandern ist des Dicksacks Frust.

Das Krokodil

Da gab es einst ein Krokodil,
es lebte am Ganges oder am Nil.
Das Krokodil war sehr exemplarisch,
es ernährte sich nur vegetarisch.

Warten

Ein Gartenzwerg saß in einem Garten,
sein ganzes Dasein bestand aus warten.
Auf was er wartete wusste er nicht,
darum ist jetzt Schluss mit diesem Gedicht.

Text: Eddie Hofmann

Pensionisten
Gelangweilte Pensionisten führen ganz präzise Listen
über Halteverbotskriminelle.
Sie reiten sozusagen auf der öffentlichen Erziehungswelle.
Und merken deutlich, sie haben noch was zu sagen,
wenn es auch nur darum geht einen Parksünder einzuklagen.
Mit Stolz schwellt sich ihre Brust,
vergessen der einstige Angestelltenfrust.
Zudem halten sich die Herren in jugendlichem Schwung,
durch diese Zeigefingerbeschäftigung.

Der Traum
Taktstocklose Dirigenten
dirigieren vor stimmgewaltigen Enten.
Himmlisches Geschnatter erfüllt den Raum.
Schweißgebadet wach ich auf,
zum Glück war alles nur ein Traum.
Enten werden ab jetzt nicht mehr gefüttert,
zu heftig haben sie meinen Schlaf erschüttert.
Das alte Brot werfe ich nun den Schwänen zu,
so komm ich nachts doch wenigstens zur Ruh.

Flucht vor sich selbst
Mit großen Schritten läufst Du los,
nur weg von hier, immer weiter bloß.
Doch Deine Füße bringen Dich kaum vorwärts.
Du lässt Dich überholen vom eigenen Schmerz.
Sieh ein, es ist ohne Sinn und Zweck,
mit Laufen kommst Du hier nicht weg.
Du kannst Dir nicht entrinnen,
so versuch als Freund Dich zu gewinnen.

Hundert
Hundert Jahr weißes Haar, renn ich über Stock und Stein
Hundert Jahr weißes Haar, es ist schön so alt zu sein.

Text: Rafael Bopp

Das deutsche Wirtschaftswunder

Mao war ein berühmter Chinese,
doch historisch eigentlich nur eine Parenthese.
Die Kulturrevolution ist schon längstens gescheitert,
das Kapital hat den Horizont der Chinesen erweitert.
Yang-Tse wurde ab sofort abgestaut,
die chinesische Mauer in eine Rennbahn umgebaut.
Alle Fahrräder wurden abgestellt
und jeder Chinese hatte einen Mercedes bestellt.
Kannst Du Dir vorstellen, was das heißt,
Millionen von Autos wurden zusammengeschweisst.
Das deutsche Wirtschaftswunder wurde hervorgenommen,
so ist Deutschland der Arbeitslosigkeit entkommen.

Die Veränderung

Ein Gedicht wollte sich nicht erdichten lassen,
das Gedicht war stur, es ist kaum zu fassen.
Der Dichter bekam dadurch graue Haare,
denn der Zustand dauerte schon viele Jahre.
Das Gedicht hatte sich mit anderen Gedichten verbündet
und einen Verein für unabhängige Gedichte gegründet.
Unabhängig zu sein von den Verseschmieden,
darüber wurde einstimmig entschieden.
Von ihrem Joch sind sie nun befreit,
sich erdichten zu lassen sind sie nicht mehr bereit.
Die Dichter fühlen sich schmählich betrogen
und manch einer hat eine Revolution erwogen.
Doch die Gedichte sind standhaft, hier wird nichts geändert,
der Zustand der Dinge hat sich eben verändert.
Verzweifelt versuchen die Dichter zu dichten,
doch der Streit mit den Gedichten lässt sich nicht schlichten.
Arbeitslose Dichter treiben nun herum,
verlassen von ihrem Publikum.

Text: Eddie Hofmann

Die tote Zeit

Was Schlimmes ist passiert, es ist zum Verzagen,
ein Faulpelz hat die Zeit totgeschlagen.
Die Zeit ist jetzt tot und zwar definitiv,
doch eigentlich ist sie ja relativ.
Das hatte Einstein schon früh erkannt,
Relativitätstheorie hatte er sie genannt.
Doch davon hatte der Faulpelz nichts gewusst
und er war sich der Folgen auch nicht bewusst.
Die Zeit steht jetzt still in der ganzen Welt
und alle Termine sind eingestellt.
Die Menschheit ist erstarrt in komischen Posen,
Bill Clinton sogar in seinen Unterhosen.

Text und Illustration: Eddie Hofmann

Der Kreis
In einem Lehrbuch für Geometrie
hatte ein Kreis Hunger wie noch nie.
Rechtecke, Quadrate und sogar einen Kegel,
der Kreis aß sie alle auf, der Flegel.
Das Resultat von dieser Barbarei,
der arme Kreis brach plötzlich entzwei.
Nur noch ein kleiner Punkt blieb zurück,
für die Schüler ein ganz großes Glück.
Die gesamte Geometrie auf einen Punkt reduziert,
sogar der Klassenletzte da noch brilliert.
So machte die Schule wieder Spaß,
dank einem Kreis der zu viel aß.

Der Blumentopf
Gestern war ich ziemlich wirr im Kopf,
ich hielt mich selbst für einen Blumentopf.
Ich verbrachte den ganzen Tag
auf dem Fensterbrettbelag.
Erst am Abend, es war schon spät,
bemerkte ich diese Absurdität.
Ich hüpfte von meinem Fensterbrett,
direkt ins frischgemachte Bett
und versuchte möglichst schnell zu vergessen,
wo ich den ganzen Tag gesessen.
Da schlief ich ein ich armer Tropf
und träumte ich wär ein Blumentopf.

Der Elefant
Ein verliebter Elefant
küsste eine große graue Wand.
Doch was wohl empfand die graue Wand?
Der Elefant verstand....
und verschwand.

Ungereimtes
Ein Kilo Ungereimtes musst' ich heute Morgen
in der Wortmülldeponie entsorgen.

Text: Rafael Bopp

Die Zeit

Die Gegenwart entwischt mir dauernd
und hinter der Ecke steht die Zukunft, lauernd.
Die Vergangenheit ist schon längst verschwunden,
Unlust habe ich dabei empfunden.
Die Zeit zu fesseln bin ich gar nicht im Stand,
sie rinnt wie Wasser aus meiner Hand.
Die Zeit hackt Sekunden aus meinen Knochen
und verwendet sie zum Kochen
der Unendlichkeit.

Die Zukunft

Die Zukunft traf sich mit der Gegenwart,
im Hintergrund die Vergangenheit mit weißem Bart.
Die Zukunft war mit einem rosa Schimmer gefärbt
und hatte der Gegenwart die Gegenwart entwerbt.
Das Dilemma der Gegenwart ist verständlich,
denn nur die Zukunft ist unendlich.

Die Vergänglichkeit

Den Göttern gehört die Unendlichkeit,
den Menschen die Vergänglichkeit.
Die Einsicht darüber ist sehr tragisch,
in den meisten Religionen aber magisch.

Nutze die Zeit

Es ist nun mal so, man kann die Zeit nicht halten,
darum, lieber Freund musst du sie so verwalten,
dass dir die Sekunden nicht aus den Händen rinnen,
nur so kannst du ein wenig Zeit gewinnen.
Die Zeit die du zugute hast auf dieser Welt
kann man nicht ersetzten mit noch so viel Geld.
Darum mein Freund, nutze die Zeit,
denn das endgültige Ende ist gar nicht so weit.

Der kranke Wald

Der Wald ist krank, der Wald hat Fieber, was kannst du tun? Esse Bieber!

Text: Eddie Hofmann

Die Angst hat kein Gesicht
Die Angst verfängt sich im Geäst Deiner Empfindungen.
Sie hält Dich mit ihren Banden fest umschlungen.
Sie bläht sich auf, macht sich riesengroß
und breitet ihr dunkles Gewand über Dich.
Du fühlst Dich verlassen auf einem treibenden Floss,
nachdem sie nicht mehr von Dir wich.
Sie ist ein Phantom von deinen Gedanken,
sie rüttelt an Dir, bringt Dich ins Schwanken.
Doch blicke sie an die Angst, sie hat kein Gesicht.
Setz ihr Dein Menschsein entgegen, ihre Fänge sind ohne Gewicht.
Sei mutig, sei verwegen, lass die Furcht neben Dir liegen.
Blicke sie an bis sie zerbricht.
Deine Zuversicht wird siegen,
denn die Angst hat kein Gesicht.

Text und Illustration: Rafael Bopp

Mamm-mutter und Mammutvater

Die Steppe war kahl und zugefroren,
die Mamm-mutter hatte den Herrgott beschworen:
"Lieber Gott erbarme dich doch,
unser Leben ist ein jämmerliches Joch.
Hast du uns denn ganz vergessen,
wir hungern und haben nichts zum fressen."
Doch den Herrgott sah man weder weit noch breit,
wahrscheinlich hatte er keine Zeit.
Die Stimmung in der Steppe war sorgenschwer,
doch der Mammutvater war ein Pragmatiker.
"Aber Mamm-mutter was ist das für ein Getue,
nimm doch diesen Zustand mit Seelenruhe.
Der Zustand ist zwar hoffnungslos, zugegeben,
doch wir werden die Eiszeit schon überleben."
Er streichelte mit seinem Rüssel ihren Hintern.
"Du wirst sehen wir werden die Eiszeit überwintern."
Aber irgendwie ging da etwas schief,
sie endeten als tiefgefrorenes corned beaf.

Gute Nacht (Gutenachtgeschichte)

Ein entschlichtetes Brotkrümchen entflieht dem Schuh,
schlafdrüsend macht es die Ohren zu.
Die Urzeit verbellt, es ist halbacht,
schlaf gut Brotkrümchen, gute Nacht.

Flaubhuber

Flaubhuber flippte knochengeziert
umholden, verdrustet und apprapiert.
Abgedumpft flutete Flaubhuber daher,
das Wurmsein fand der Flaubhuber schwer.
Jetzt schliert der Flaubhuber gezierte Knochen
und grinst durch die Wurst, es ist zum kochen.

Text: Eddie Hofmann

Land der Erinnerung
Ich weiß nicht viel von mir
und doch bin ich hier.
Renne über sonnige Wiesen,
lass mich tragen von gewaltigen Riesen.
Besuche Orte wo Flachsveilchen
den warmen Grund veredeln,
Orte wo Wichte mit ihren Besen wedeln.
Orte wo Badewannen Weltmeere werden
und Seifen Schiffbruch erleiden.
Orte weder hier noch dort,
Orte die einem nie verleiden.
Spiel ich Spiele ohne Anfang ohne Ende,
Spiele um der Spiele willen.
Fröhliche Spiele, stille Spiele, unwichtige Spiele.
Spiele die die ganze Welt bedeuten.
Lass mich tragen vom Wind,
in ein Land wo Farben Töne sind.
Land der Erinnerung, so nah und doch so fern,
schönes Land ich hab dich gern.

Der Eskimo
Ein Eskimo wanderte aus nach Kuba,
fragten die Leute: "Was machst Du da?"
Doch er wusste es selbst nicht so recht,
er wusste nur, hier geht es ihm schlecht.
Daraufhin er schon am nächsten Tag,
wieder glücklich in seinem Iglu lag.
Warm um's Herz wird es ihm eben nur,
bei fünfzig Grad Minustemperatur.

Aus dem Leben einer Tomate
Sie wollten einfach nicht begreifen,
dass ich Zeit brauch um zu reifen.
So verschwand ich schleunigst ins Exil,
von Genmanipulation halt ich nicht mehr viel.

Text: Rafael Bopp

Der Seitensprung
Bill Clinton leidet an einer Neurose,
sie ist konzentriert in seiner Unterhose.
Sein Drang ist so stark, drum notgedrungen,
hat Clinton schon öfters mal seitengesprungen.
Hillary die first Lady der Vereinigten Staaten,
has forgiven ihrem Bill seine unmoralischen Taten.
Doch Kenneth Starr fand das eine Schande,
sowas darf nicht geschehen in diesem Lande.
Er begann zu spionieren in dem ovalen Zimmer
und erwischte den Bill mit diesem Frauenzimmer.
Bestürzt hatte Monica sich umgeguckt
und hatte dabei den Beweis verschluckt.
Übrig war nur ein Fleck auf ihrem Kleid,
die beiden tun mir nun wirklich leid.
Monica und Bill wurden jetzt gründlich verhört,
die Sünder auf sich allein gestellt,
gibt es nichts Wichtigeres auf dieser Welt?
Man glaubt es kaum, aber es ist wahr,
dieser Seitensprung ist impeachbar.
Diese ganze Geschichte ist spektakulär,
sowas kann nur passieren over there.
Clinton is the best president they ever had,
that's why this whole story is really sad.
Präsident Bill Clinton du hast meinen Segen,
solche Trivialitäten können mich nicht erregen.

Text und Illustration: Eddie Hofmann

Der Besen

Ein Besen wollte lesen.
Immerzu über Flure wandern,
überließ er nun den andern.
So wurde aus dem Besen
ein blitzgescheites Wesen.
Er korrumpierte sich empor, wurde reich,
machte Karriere im politischen Bereich.
An seine Herkunft denkt er nur noch selten,
zwischen jetzt und früher liegen Welten.
Trotzdem hat er das Wischen nie ganz aufgegeben,
so ist es die Wahrheit die er verwischt im Leben.
Die Moral von der Geschicht,
Besen lasse lesen nicht.

Der Taschendieb

Einem Taschendieb passierte das Unfassbare,
er verwechselte sich mit der Diebesware
und steckte sich in die Tasche aus Versehen,
somit war es um den Dieb geschehen.
Er war nun für immer verschwunden,
und wurde niemals mehr gefunden.
Die Polizei ist darüber sehr froh,
der Fall hat sich gelöst, einfach so.
Sie weiß jedoch ganz klar,
dass dies ein Geschenk des Schicksals war.
Selbstheilungsprozesse in dieser Form,
gehören nämlich nicht zur Norm.

Die grüne Dimension

Umglast vergurktes
Dasein
Am Knackpunkt des Glücks
Die grüne Dimension
Essigsymphonisch

Text: Rafael Bopp

Und sie dreht sich doch

Nach vierhundert Jahren oder so
rechtfertigte man endlich den Galileo.
Nach vierhundert Jahren, man kann es kaum fassen,
wurde er nun aus dem Hausarrest entlassen.
Verurteilt hatte ihn die Inquisition,
nun endlich erhielt er die Absolution.
Das Gericht bestand aus keuschen Kardinälen,
von solchen die sich selber zu Göttern wählen.
Er wurde verurteilt gemäß dem Sanctum officium,
im Namen Gottes und dem Christentum.
Gefangen in seinem Heim trug Galileo sein Joch,
doch auf dem Sterbebett flüsterte er:
"Und sie dreht sich doch."

Der Clochard

Ein Clochard namens Vogelsang
schlurfte müde den Strassen entlang.
Der Regen peitschte und die Sicht war trübe,
unser armer Vogelsang war ziemlich müde.
Erschöpft setzte er sich auf eine Bank.
Er döste vor sich hin und versank
in einen abgrundtiefen Schlaf
und träumte er wäre ein Schaf.
Da kam ein Wolf, der wollte ihn fressen,
erschreckt ist Vogelsang aufgesessen.
Der Wolf erwies sich als ein Gendarm,
der packte ihn unsanft an seinem Arm.
"He mössiöh, hier zu schlafen ist interdit,
das ist une banque und nicht ein lit."
"Entschuldigen sie Herr Polizist, wenn ich mich errege,
hier steht auf dem Strassenschild "rue du college"."

Die Tomate

Eine Tomate wurde beim Transport zerdrückt
das hatte den Mc Donald sehr entzückt
Ketchup hatte er diese Tomate genannt
als solches ist sie jetzt weltbekannt.

Text: Eddie Hofmann

31

Sinnvolle- oder lose Sprüche für den Alltag

(nach dem Motto reim dich oder ich friss dich)

Wer oft zuwenig überschnappt, wird allenthalben abgeklappt.

Manch Sauerbruch wird abgequält, denn besser ist das als vermählt.

Schauerdinge sind oft krumm, darum kommt man nicht herum.

Potenzen feilschen ist gemein, denn solche Sachen sind geheim.

Verknautschte Paritätenposen, gehören gar nicht in die Hosen.

Erst wenn dich der Apfel frisst, gehört dein Auto auf den Mist.

Affenmäuler auf Birnenbäumen verbergen sich hinter Gartenzäunen.

Birnen verschmutzen die Umwelt sehr, verschluckt vom Hai im blauen Meer.

Haie werden im Abbruch gerühmt, vergoldet zwickern sie unverblümt.

Ein Nachbruch auf dem harten Grunde, ist wirksam jede zweite Stunde.

Allenthalben werden im Norden als Fisteln heute Leute verborgen.

Wenn Männer sich am Kehlkopf kratzen, können oft Gehirne platzen.

Männer ohne Schnauz und Bart sind eine ganz spezielle Art.

Leute die den Kopf verlieren, würden am besten sich genieren.

Wer anderen in das Fenster guckt, ist selbst ein Schwein.

Morgenstund hat schlechten Geruch im Mund.

Auch teure Pflanzen haben Wanzen.

Grün bemalte Fensterfliesen, die sind am besten, das ist bewiesen.

Ein toter Kater braucht keinen Vater.

Donnerwetter gibt Seelenschmetter.

Reife Pflaumen schmecken dem Gaumen.

Ein Philatelist gern Briefmarken frisst.

Ein kastrierter Geier hat keine Eier.

Eine bleiche Nonne gehört an die Sonne.

Eine krächzende Nonne ist gar keine Wonne.

Ein totes Pferd gehört auf den Herd.

Raben mit Lederhosen geschmückt, sind ganz sicher aus Bayern entrückt.

Ein lahmer Wolf der spielt nicht Golf.

Eine gelähmte Ente kriegt keine Rente.

Jauchzende Eulen in grünen Weiden, sollte man am besten vermeiden.

Heulende Schwäne verursachen Migräne.

Früchte die an hohen Bäumen reifen, kann man nur mit Mühe ergreifen.

Ein gerupfter Igel schaut nicht in den Spiegel.

Eine flüsternde Maise ist sehr leise.

Text: Eddie Hofmann

Ein Geniestreich

Nebst Brieftauben welche die Eilpost versenden,
will die Post nun auch Raupen verwenden.
Briefraupen nehmen gewissenhaft,
Briefe mit auf ihre Wanderschaft.
Es dauert allerdings ein wenig länger,
bis der Brief ankommt bei dem Empfänger.
Nicht selten übergibt ein Schmetterling den Brief,
zum noch nie dagewesenen Billigtarif.
Diese neueste Erfindung ist wahrlich ein Segen,
man kann mit wenig Geld Briefkontakte pflegen.

Anfang gut alles gut

Ein Waal ganz in Blau gewandet
war in einem Saal gestrandet.
Und dieser Waal der hatte Gicht,
was, sie glauben mir das nicht?
Wo ich doch erst angefangen habe,
ach sie haben recht, es war ein Rabe.
Und dieser Rabe kam in Schwarz daher,
Verzeihung, ich bedaure diesen Irrtum sehr.
Wie dem auch sei....
oder war es gar ein Hai?
Sie bringen mich ja völlig durcheinander...
ich hab's , es war ein Salamander.
Ach es ist nun auch egal,
in jedem Fall war da ein Saal.
In diesem Saal da war ein Tier,
ich denke sogar es war ein Stier.
Wissen sie, ohne ein wenig Phantasie
verstehen sie das ganze sowieso nie.
Deshalb hör ich auf nun zu erzählen,
ich will sie ja nicht weiterquälen.

Aber ist der Anfang nicht sehr interessant?
Übrigens, ich glaub es war ein Elefant...

Text Rafael Bopp

Der Fette

Saufend und fressend vor dem Fernseher sitzt er,
furzend und rülpsend und vor Anstrengung schwitzt er.
Sport zu betreiben ist ihm zuwider,
das geht ihm nämlich in die Glieder.
Dieser Mensch ist zwar sehr nett,
doch leider leider viel zu fett.

Text: Eddie Hofmann   Illustration: Rafael Bopp

Die Reise

Die Unendlichkeit ist zugeschneit, wer hätte das gedacht.
Sie taut erst wieder auf morgens um halb acht.
Dann kann man sie erneut bereisen,
im Zug auf zartverschneiten Gleisen.
Doch Reisender gib acht,
bereise sie ganz sacht,
denn ist man einmal dort erfroren,
wird man als Schneestern wiedergeboren.

Das neue Hörgefühl

Ohrmuscheln aus dem Mittelmeer
schärften meinen Hörsinn sehr.
Ich verstand mit diesen neuen Muscheln
sogar der Leute leises Tuscheln.
So lernte ich die Leute besser kennen,
konnte wahre Freunde von den falschen trennen.
Wollt ihr etwas über eure Freunde erfahren,
müsst ihr für eine Reise ans Mittelmeer sparen.

Das vermeintliche Wunderkind

Ein gelbgrüngestreifter Papagei
verliebte sich in einen Hammerhai.
Vom Nachwuchs erwartete man Wunderdinge,
wie die Mama er schwimme, wie der Papa er singe.
Dachte in der Familie jedermann,
doch man irrt sich eben dann und wann.
Das Singvermögen von der Mama Hai,
das Schwimmtalent vom Papa gai.
So kam es leider dann heraus,
somit ist die Geschichte auch schon aus.

Im Kloster

Niemals niessen Nonnen nackt, niemals stehen Nonnen Akt.
Immer wollen sie frohlocken, in reinen weißen Socken.
Sie unterdrücken jedes Beben,
so ist das halt im Klosterleben.

Text: Rafael Bopp

Ritter Klaus

So sehr er sich dagegen stemmte,
Ritter Klausens Rüstung klemmte.
Panik erfasste ihn mit ganzer Macht,
also entschloss er sich noch in dieser Nacht
und unter starkem Fluchen,
einen Psychiater aufzusuchen.
Dem Psychiater gelang es zwar nicht,
ihn zu befreien von der eisernen Schicht.
Doch er half ihm in seelischen Bereichen,
er half ihm seiner Panik zu entweichen.
Der Psychiater verdient den größten Respekt,
er hat eine neue Form der Angst entdeckt.
Heute ist das Syndrom allen bekannt,
Klaustrophobie wird es genannt.

Plötzlich verstummt

Der prahlerische Ritter Kunigund
hatte einen viel zu losen Mund.
Die Helmklappe wurde zugeschraubt,
früher hat man sowas erlaubt.

Text: Rafael Bopp Illustration: Eddie Hofmann

Die Orthodoxen

In Jerusalem gibt es die Klagemauer,
da überfällt mich ein eisiger Schauer,
wenn die Orthodoxen es ist zum Verzagen,
an der Mauer sich die Köpfe blutig schlagen.

Text: Eddie Hofmann Illustration: Rafael Bopp und Eddie Hofmann

Humorkastration

Herr Fröhlich hat den Ernst der Lage erkannt
und hat den Humor aus seinem Leben verbannt.
Er konnte sein Lachen nicht weiter ertragen,
man riet ihm zur Operation, er musste es wagen.
Die Schalksstränge durchschnitten, die Kichererbsen entfernt,
jetzt geht es ihm besser, er hat das Lachen verlernt.
Zum Miesepeter erkoren fühlt er sich wie neugeboren.
Er hat es geschafft, er ist der Traurigste weit und breit
und räkelt sich im tiefen Sumpf der Unglückseligkeit.

Das Huhn

Auf einem Hühnerhof
machte ein Hahn einem Huhn den Hof.
Der Hahn war von diesem Huhn entzückt,
seine Gefühle spielten völlig verrückt.
Er hatte das Verlangen es war nicht zu vermeiden,
das Huhn nach und nach zu entkleiden.
Er rupfte dem Huhn wenn er grad konnte,
wenn es schlief oder wenn es sich sonnte,
eine Feder aus dem Federkleid,
so stand es nach einiger Zeit,
nackt vor ihm wie Gott es schuf,
das Huhn folgte sogleich dem Liebesruf,
den der Gockel verlockend entsannte,
worauf er das Huhn zur Braut ernannte.
Auch für den Bauern war es wunderbar,
dass das Huhn nun ohne Federn war.
So kam es, dass noch am selben Tag
die arme Braut in der Bratpfanne lag.
Der Hahn lernte aus dieser Geschicht,
gerupfte Hühner eheliche nicht.

Im Regenfloss

Apfelknatter Zwirn und Hau,
Himmel Hummel Wolkenstau.
Graugericht und Donnerstoss,
wache ich im Regenfloss.

Text: Rafael Bop

Der Gegenstand

Ein Gegenstand wurde bestellt und nicht abgeholt,
da anvertraute mir jemand ganz unverhohlt,
er sei derjenige der den Gegenstand bestellt,
doch leider kostete er viel zu viel Geld.
Deswegen hätte er ihn nicht abgeholt,
so sagte der jemand ganz unverhohlt.
Jetzt steht der Gegenstand einfach herum,
bestellt und nicht abgeholt, man lacht sich krumm.
Der Gegenstand verrostet dann allmählich,
sein Gegenstandsein endet nun schmählich.
Der Gegenstand endet schliesslich am Ende
auf dem Schrott für nicht abgeholte Gegenstände.

Der Stiefel

Der italienische Stiefel plante Mord,
der Grund war die Politik der Lega Nord.
Er nahm einen gewaltigen Anlauf in Tirana
und versetzte deren Einwohner ins Nirwana.
Mit seinem Absatz hatte er ganz Albanien getroffen,
die armen Albaner sind dabei ersoffen.
Der nächste Tritt war auf Sizilien gerichtet,
dabei wurden alle Mafiosi vernichtet.
Dadurch wurde Sizilien nach Sardinien gepufft
und Sardinien hatte Korsika gegen Genua geknufft.
Da erwachte der Papst im Vatikan
und tat was nur ein Heiliger kann.
Er raufte sich seinen Heiligenschein
und jammerte das kann doch nicht sein.
Lieber Herrgott im Himmel da oben
wieso hast du die Geographie verbogen?
Doch der Herrgott der hatte keine Zeit
keine Spur von ihm weit und breit.
Der hatte sich nämlich hinter einer Wolke versteckt
und niemand hatte ihn dort entdeckt.
Was hatte er vor der allmächtige Bengel?
Ein Schäferstündchen mit einem Engel.

Text: Eddie Hofmann

Ein Lachgezück
Bleingeschwerte Wischnawo,
Linksverkehrte sowieso.
Siebendrück bestücktes Glück,
Simsawo ein Lachgezück.

Cerrspagat
Cerva Cervo Cervalat
Cervobraun hindurchzuschaun
Cerva Cervo Cerrspagat
Liebgebräunt auf-abzubaun
Liebe Liebe Lobe Lau
Labe Lobe wienim stau
Cähspagat abgehagt abgesagt

Aus Banken
Leise lose Sohlen
holen wie empfohlen
kleine grüne Scheine
aus Banken ganz alleine.

Wanderwelken
Humbe Duhle Wanze drotz,
Stumbe Kuhle Hotz in Lodz
Wanderwelken Wienerwein
Schimmelschnacken
muss nicht sein
Und die Moral...
egal

Eine kleine Tragödie
Ich bin ja ach so willensschwach,
es will mir einfach nicht gelingen,
diesem Gedicht ein Ende aufzuzwingen.
So geh ich nun ich armer Wurm,
direkt in meinen Unglücksturm.

Text: Rafael Bopp

Mitgegangen, mitgehangen

Zivilisierter Mensch, meine Gratulation,
deine Zivilisation sie ist ein Hohn.
Betreffend deiner Qualifikation,
mitgegangen, mitgehangen.

Menschen werden vertrieben durch Deportation,
Länder werden zerstört durch Erosion.
Betreffend deiner Qualifikation,
mitgegangen, mitgehangen.

Die Welt wird regiert durch Korruption,
und du machst mit durch Prostitution.
Betreffend deiner Qualifikation,
mitgegangen, mitgehangen.

Chlorierte Gase beschädigen das Ozon,
auch du bist schuld, das weißt du schon.
Betreffend deiner Qualifikation,
mitgegangen, mitgehangen.

Was ist sie denn die Zivilisation?
Ein Irrtum, eine Illusion?
Betreffend deiner Situation,
mitgegangen, mitgehangen.

Der Kopf

Köpfe haben einen großen Anwendungsbereich,
einige Beispiele zeige ich ihnen gleich.
Mit Köpfen kann man saufen und fressen,
mit Köpfen kann man Termine vergessen.
Mit Köpfen kann man Grimassen schneiden,
oder man kann das auch vermeiden.
Mit Köpfen kann man Aussichten begucken,
oder man kann mit den Wimpern zucken.
Mit Köpfen kann man lachen oder Hüte tragen,
zum Schutz gegen UV Strahlen so zu sagen.

Text: Eddie Hofmann

Das EG Parlament

Im EG Parlament in Frankreich in Strassbourg,
sind die Parlamentarier überhaupt nicht stur.
Wichtige Sachen werden da diskutiert
und für das Beste der Gemeinschaft wird plädiert.
Im Parlament wird zum Beispiel bestimmt,
ob gerunzelte Rosinchen EG-würdig sind.
Das ist selbstverständlich eine wichtige Frage,
man erörterte sie über dreihundert Tage.
Da meldete sich einer, er war nicht vom Parlament,
"Rosinchen zu entrunzeln kostet doch unnötiges Geld."
Aktuell ist die Frage aber heute nicht mehr,
es gibt wichtigere Sachen und die drängen sehr.
Das ist der Import von den Bananen,
eine akute Frage ich konnte es ahnen.
Es wurde bestimmt und befunden für richtig,
und für das Beste der EG auch wichtig:
Rechts gebogene Bananen bestehen die Kontrollen,
links gebogene jedoch muss man verzollen.
Für das Beste der Gemeinschaft arbeitet das Parlament,
so viel Wesen um Nichts, man wird beklemmt.

Es ist zum Kotzen

Traurige Kinderaugen schauen Dich an,
Soldat hast Du denn gar keine Scham?
Des Kindes Mutter hast Du geschändet
und ihr Leben sinnlos beendet.
Schämst Du Dich nicht Soldat aller Nationen,
hast Du nicht gelernt Mütter und Kinder zu schonen?
Soldat Du bist eine miese Gestalt,
Du verstehst keine andere Sprache als Gewalt.
Und in Bunkern sitzen Herren und verkaufen Waffen,
auf Monitoren können sie diese Gräuel begaffen.
Von diesem Elend tun diese Herren schmarotzen,
die Welt ist verseucht, es ist zum Kotzen.

Text: Eddie Hofmann

Des Dichters erste Lesung
Ein schlichtes Gedicht trag ich euch vor,
ein kühner Mann im Schnee erfror...
das sei's nun schon gewesen,
ich hab mich nicht einmal verlesen.
Die nächste Dichterlesung in 35 Tagen,
dann werde ich bisschen mehr noch wagen...

Der Eremit
Sagen sie mein werter Herr,
sagen sie mir ungefähr.
Bin ich ich jetzt oder sie?
Oder sind sie ich jetzt oder wie?
Ich bin, sie haben es vielleicht bemerkt,
durchs alleine sein nicht sehr gestärkt.
Als Eremit kann ich nur sagen,
man muss sich ins Getümmel wagen.
Sonst wird man ein wenig verschroben,
ich verschwinde jetzt wieder
in meiner Höhle da oben.
Alles Gute mein lieber Herr,
auf Wiedersehn, es freute mich sehr.

Der kleine Schelm
Ein Tannzapfen fiel mitten auf mein Haupt,
ist so was „über Haupt" erlaubt?
Ich blickte sogleich nach oben und sah,
da war ein Eichhörnchen und schrie "hurra".
Aber ich konnte dem Schelm nicht böse sein,
ich fand dessen Streich auch nicht gemein.
Ich lachte vor mich hin und lief weiter,
manchmal ist das Leben trotz Schmerzen heiter.

Das Leiden eines Ritters
Ein Ritter namens Frederik
war unwahrscheinlich dick.
Und weil er in keine Rüstung passte,
Frederik das Ritterdasein hasste.

Das Schämen

Manchmal schämt man sich so sehr,
man schämt sich kreuz, man schämt sich quer.
Man schämt sich stundenlang mit Haut und Haar
und vergisst vor lauter Schämen was der Grund
des Schämens war.

Die Regenten

Wegen unentwegtem Fressen
hatte ein Herzog das Regieren vergessen.
Und weil der Herzog immer mehr wog,
das ganze Volk über den Herzog herzog.
Man verbannte ihn sogleich vom Thron,
am nächsten Morgen saß darauf sein Sohn.
Doch ach, ich darf es gar nicht sagen,
mit ihm hat es sich genauso zugetragen.
Auch wurde er nach kurzer Zeit,
unfassbar schwer und ziemlich breit.
Seine Majestät wurde kurzerhand
ebenfalls vom Thron verbannt.
Das Volk regierte fortan ganz allein,
jeder durfte einmal Herzog sein.
Ob das wohl gut ging oder nicht,
mehr davon in einem anderen Gedicht.

Die Dummen und die Klugen

Ratschlag an alle Dummen dieser Welt,
Vorsicht wenn ein Kluger sich zu euch gesellt.
Denn dumme Leute sind für kluge Leute
eine äußerst leichte Beute.
Deshalb ihr lieben dummen Leute,
versteckt euch schleunigst in der Meute.
Denn es gibt nichts was kluge Leute
heute mehr erfreute
als eine Beute dummer Leute.

Text: Rafael Bopp

Der Tamile

Ein Tamile mit genagelten Schuhen
will so tun wie die Schweizer tuen.
Im Bahnhof geht er immer ohne Schuhe,
denn da gibt es Schilder die verordnen Ruhe.
Mit "Geleise" sind die Schilder beschriftet
und unser Tamile fühlt sich verpflichtet,
die Ruhe im Bahnhof nicht zu stören
und die biederen Schweizer nicht zu empören.

Text: Eddie Hofmann Illustration: Rafael Bopp

Die Schöpfung

Einst vor X-Millionen Jahren
gab es noch keine Galaxenscharen.
Vor lauter Leere gähnte die Welt,
da hatte der Herrgott den Big Bang bestellt.
Aus Nichts entstanden plötzlich Elektronen
und bildeten Billionen von Himmelsformationen.
Zivilisationen entstanden und eine waren wir,
man erfand das Auto und das Bier.
Zuerst wird gesoffen und dann fährt man nach Haus,
Alkoholiker am Steuer sind mir ein Graus.
So wurde die Krone der Schöpfung geschaffen,
auf den Strassen beim Rasen kann man sie begaffen.

Der Hai

Wenn ein Haifisch rodeln tät,
wäre das eine Rarität.
Wenn viele Haie rodeln täten,
wären sie keine Raritäten.
Und dieser Geschichte Sensmoral,
wenn's viele tun wird's halt banal.

Die Mutter Erde

Unsere liebe Mutter Erde ist krank,
umhüllt von einem abscheulichen Gestank.
Sie hat Fieber und Halluzinationen,
sie wird vergewaltigt von allen Nationen.
Die Luft ist verrußt, die Gewässer kontaminiert,
Mutter Erde ist krank und deprimiert.
Wüsten aus Sand breiten sich überall aus,
der Weg ins Verderben geht geradeaus.
Mit Scheuklappen fahren wir in das Verderben,
eine verstümmelte Erde ist was wir erben.
Wir sind mit ihr unwillkürlich verbunden,
machen wir so weiter, wird sie nicht gesunden.
Dieses Gedicht hat eine Sensmoral
und glaube mir sie ist global.
Was du ihr tust du Grobian,
das tust du dir nämlich selber an.

Der Menschenfresser
Ein Menschenfresser geht auf die Reise,
auf seine spezielle Art und Weise.
Als Proviant hat er ein gemästetes Weib,
mit einem umfangreichen Leib.
Die wird er schlachten, würzen und braten,
wie gut ihm das schmeckt, kannst du gar nicht erraten.

Die Entburt
Seines Lebens müde war ein Mann,
der gute Mann der wollte sterben.
Er wählte eine Hündin Namens Ann,
durch sie wollte er entboren werden.
Dies geschah durch eine reziproke Entbindung,
der Genmanipulatoren neueste Erfindung.
Er kroch in die Gebärmutter der Hündin herein,
eingebettet im Fruchtwasser schlief er ein.
Die Hündin wurde entfruchtet nach fünfzig Tagen,
der Mann ist jetzt entboren so zu sagen.

Der Neandertaler
Vor kurzem hatte er die Höhle verlassen,
jetzt fährt er Ferrari, kannst du das fassen.
Die Keule hat er mit dem Lenkrad vertauscht,
und sechshundert Pferde haben ihn berauscht.
Am Steuer sitzt er mit fettem Wanst,
versuche ihn zu überholen wenn du kannst.
Neben ihm sitzt eine üppige Konkubine,
eine wasserstoffsuperoxidierte Blondine.
Unter der Haube brummt er mit zwölf Zylindern,
erdreiste dich nicht beim Überholen ihn zu hindern.
Dann wirst du in den Straßengraben gedrängt,
sein Neandertalergehirn ist nämlich sehr beschränkt.
Die moderne Technik ist absolut vollkommen,
doch auf sein Gehirn wurde keine Rücksicht genommen.
Auch wenn die Technik Fortschritte macht,
nimmt man leider nicht in Betracht,
dass der Mensch, auch wenn es dich stört
in die Höhle die er verließ eigentlich hingehört.

Der Tourist

Smartphonebewaffnet schlendert er durch die Gassen,
den typischen Touristen gibt es bei allen Rassen.
Bei den Chinesen, Arabern, Russen und Serben,
Japanern, Holländern, Schweizern und Berbern.
Der deutsche Tourist macht am Strande sich breit,
Rücksicht zu nehmen ist er nicht bereit.
Im Süden schwitzen finnische Touristen,
die Schweizer findet man auf eisigen Pisten.
Ein Holländer auf Reise in Pakistan
versteht nichts und sagt "kan niet verstaan."
Der Russe trinkt Wodka am frühen Morgen,
dann hat er bis abends keine Sorgen.
Nach Knoblauch stinken die Franzosen
und die Bayern reisen in Lederhosen.
Sonnenbrillengetarnt und souvenierbestückt
jagt der Tourist durch Länder wie verrückt.
Staunend begafft er Sehenswürdigkeiten,
doch manchmal gibt es Schwierigkeiten,
wenn zu viele Touristen sich drängen
und die Aussicht auf die Aussicht beengen.
Muss er auf die Aussicht zu lange warten,
kauft er sie in der Form von Ansichtskarten.
Die schickt er nach Hause dann per Post,
nach Süd oder Nord oder West oder Ost.
So zu reisen war ja ganz nett,
doch heute surft man per Internet.
Man liegt zu Hause in seinem Bett
und reist ganz einfach per Internet.
Keine beengten Aussichten mehr,
virtuelle Reisen ans Mittelmeer.
und bist du bleich brauchst du dich nicht zu schämen,
das wird nämlich behoben mit self-tanning Crèmen.

Text: Eddie Hofmann

Die Autobahn

Die Autobahn:	breit
Im Auto:	zu zweit
Das Ziel:	noch weit
Mit der Ehefrau:	Streit
Der Himmel:	blau
Der Asphalt:	grau
Ein Bau:	?

------------------------Stau

2.Strophe
Lang und weit
und sehr breit.

Der Schwerhörige
Ein Mann hört schlecht mit seinen Ohren,
„Was?"
Ich glaube es ist ihm angeboren.
„Waas?"
Stille herrscht in seinem Kopf,
„Waaas?"
Er hört fast nichts der arme Tropf.
„Waaaaas?"
Niemals kann er Beethoven genießen,
„Waaaaaas?"
Er hört nicht einmal die Soldaten beim Schießen.
„Waaaaaaas?"
Stille herrscht in seinem Leben,
eben,
deswegen!
"Waaaaaaaas?.........Regen?"

Die Baumschulen
Für des Lesens kundige Bäume wird plädiert,
denn für die Zukunft wird hier investiert.
In Baumschulen lernen Bäume lesen,
denn Bäume sind ja auch Lebewesen.

Text: Eddie Hofmann

Zimperlinge

Kleinwimprige zarte Zimperlinge
leuchten leise, still und vornehm.
Werfen ungelenk teure Fingerringe,
vergraben sie in Lehm.
Haben nur Klamauk im Sinn,
wie einst Huckleberry Finn.
Geht man aber auf sie zu,
verschwinden sie im Nu.

Der grüne Mond

Einst hab ich den grünen Mond entdeckt,
ihn rasch mit Zweigen zugedeckt.
Auf die helle Bank gelegt,
bekocht, geputzt und stark gehegt.
Doch die Zweige konnten ihn nicht halten,
er verschwand aus meiner Sicht,
der grüne Mond gehört mir nicht.

Keifende Weibchen

Kleine keifende Weibchen,
in rosa gestreiften Leibchen,
sprechen über die große Welt,
sich vorzustellen wie's wohl wär,
wenn im Wald der Fäller nicht mehr Bäume fällt.
Der Spaßvogel plötzlich nicht mehr lacht.
Der Bäcker Brot aus Steinen macht.
Scherenschleifer ihre Scheren nicht mehr schleifen.
Gescholtene Kinder nicht mehr weinen.
Kleine Weibchen nicht mehr keifen.
Sterne nie mehr golden scheinen.
Nein, das wollen sie nicht die kleinen Weibchen.
Lieber schneiden sie sich in winzige Scheibchen,
als die Welt auf den Kopf zu stellen.
Hunde sollen auch künftig weiterbellen.

Text: Rafael Bopp

Der Spaziergang

Einem Mann gelang es, einem alten,
den Augenblick für immer festzuhalten.
Und weil ihm das beim Spaziergang gelang,
wurde der Spaziergang sehr sehr lang.

Der Wasserfall

Ein Wasserfall konnte nicht mehr fließen,
ein Wasserfall konnte nicht mehr stürzen.
Was war bloß
mit diesem Wasserfall los?
Ein Notarzt konstatierte glatt,
dass dieser Wasserfall Hemmungen hat.
So goss er literweise Wein
ins stockende Wasser hinein.
Der Wasserfall nun nicht mehr verklemmt,
floss wieder hinunter ganz ungehemmt.

Die Geschichte von Herrn Rist

Mich plagen lustige Sachen
es platzt mir beinah der Rachen.
Dürft ich kurz mal hier lachen?
Sie sollten sich was schämen
üben sie lieber das grämen.
Hinaus mit ihnen sie Barbar
sie sind eine üble Gefahr.
Und siehe da, nichts passierte zum Glück
der Mann hielt sein Lachen eisern zurück.
Das war die Geschichte von Herrn Rist
der an Lachverstopfung gestorben ist.

Eigenlicht

Die Sonne verschwand im dunklen Gewand
ins Umberland, ins Umberland.
So leuchte nun Erde von ganz allein,
dies kann doch nicht so schwierig sein.

Text: Rafael Bopp

Die armen Viecher

Überleg dir mal was du für einer bist,
wenn du deine Kotelette frisst.
Das sind Teile von einem geschändeten Tier,
die du hinunterspülst mit einem Bier.
Zuerst werden die armen Viecher kastriert
und dann durch ganz Europa transportiert.
Dreißig Stunden ohne Wasser und Fressen,
fürwahr mein Freund, der Mensch ist besessen.
Er macht sich zum Herrn über die Natur,
ohne Rücksicht auf diese arme Kreatur.
Profithungrige Finanzhaie verwalten die Welt,
das einzige das zählt ist Geld, Geld, Geld.

Der Esel

Ein Esel der fraß viel zu viel,
seinem Besitzer das gar nicht gefiel.
Der Esel lebte in Saus und Braus
und fraß seinen Besitzer aus dem Haus.
Das bereitete dem Besitzer viel Verdruss,
deshalb kam er zu dem Entschluss,
er werde dem Esel das Essen abgewöhnen,
auch wenn seine Nachbarn das verpönen.
Die Abgewöhnung war zwar sehr extrem,
doch eigentlich anfangs kein Problem.
Aber dann ist etwas Schlimmes passiert,
beim Abgewöhnen ist der Esel krepiert.

Grunzenfeile

Blaugefroschene Grunzenfeile
und rechgebrillte Allenzoser,
überraschen dich in deiner Weile
auf dem Sims im Alpenmoser.

Text: Eddie Hofmann

Die Bratwurst

Die Bratwurst in ihrem Augenschmetter,
brüllt vor sich hin ein Donnerwetter.
Pfui Teufel krächzt die rechte Wade,
um diese Bratwurst ist es schade.

Schlafkolosse (Schlaflied für Säuglinge)

Schlafkolosse stehen stramm,
huldigen einen Riesendramm.
Gekühlte Äpfel kreischen laut,
der Riesendramm ist abgestaut.
Kanonen knirschen mit den Wimpern
und die Schlafkolosse zählen Tintern.
Abgeblocht und zugemacht,
Schlafkolosse: Gute Nacht.

Schadenfreude

Schadenfreudige Hinterkauzen
vebrieren lässig Alkaschnauzen.
Dazu kommt noch ein Askerswil,
das ward der Schadenfreude viel zu viel.
Sie fand das war doch ziemlich gemein,
jetzt freut sie sich halt ganz allein.
Der Kern des Guten ist zerbrochen
vergallt, zerstürbt und ungeschmochen.
Huldweisig ist der Kern des Guten,
ein Irrtum dürfte man vermuten.
Drum schadenfreut euch in allen Stuben,
Männer und Weiber, Mädchen und Buben.

Vriesenblöte (ein unanständiges Gedicht)

Komm zu mir du Vriesenblöte,
zeig mir deine Schwammertöte.
Lieber möcht ich Granzen kwellen,
als mit dir den Schwang zu knellen.
Darum du blöte Vriesendirne,
schlach doch auf die Garmsenbirne.
Garmsenbirnen sind faktotisch,
perfunsiert und auch erotisch.

Ein Brief aus dem Ferienlager
Libe Eltern es ist tsum grusen,
ich habe tswäi fordertsäne dusen.
Der lagerläiter heist her Schröder,
doch ich finde er ist ein blööder.
Wi get es öich, mir get es guht,
Schröder mäint ich säi äin tunichgut.
Der Peter isst höite fasst ertruncken,
mit dem Stäin um den hals ser tif gesuncken.
her Schröder hatt in dan entekt
und ich habe mich ferstekt.
gestern haben wier schwärmer gesprenkt
und dabäi hab ich di hare fersengt.
der ruedi Müller isst ein schwein
der warf mich in den kudräck hinein.
Cecilia isst ferliebt in mich
doch dofe Wäiber mag ich nicht.
Jezt müsen wir di Better machen,
das leben isst schwer gar nichtsum lachen.
Fiele grüse von öirem Son
aus dem ferienlager in zollikon

Das Missverständnis
Ein Mensch bohrte wie verrückt an einer Weinflasche herum
und ich konnte einfach nicht verstehen warum.
Und als ich ihn fragte: "Warum tust du das,
ist das dein Ernst, oder machst du's aus Spaß?"
"Nein ganz ehrlich, aus Spaß tue ich's nicht,
ich kann sie nicht öffnen, die Flasche ist dicht."
"Aber hör mal du Dummkopf, man entfernt den Kork,
das wissen doch alle von Bombay bis New York."
Erstaunt schaute er mich an und sagte "wieso,
lesen sie doch mal, hier steht ja Bordeaux."(Borr do)
Und weiter bohrte er an der Flasche herum,
der Mensch ist so doof, man lacht sich krumm.
Aber hätte dieser Mensch Französisch studiert,
wäre ihm nämlich so was überhaupt nicht passiert.

Text: Eddie Hofmann

Der Traum

Taktstocklose Dirigenten
dirigieren vor stimmgewaltigen Enten.
Himmlisches Geschnatter erfüllt den Raum.
Schweißgebadet wach ich auf,
zum Glück war alles nur ein Traum.
Enten werden ab jetzt nicht mehr gefüttert,
zu heftig haben sie meinen Schlaf erschüttert.
Das alte Brot werfe ich nun den Schwänen zu,
so komm ich nachts doch wenigstens zur Ruh.

Felsen

Runde Felsen, einfältige Felsen, schlacksige Felsen.
Sie alle wollen reden, wollen singen, wollen springen.
Möchten Lufttheater spielen.
Möchten Seiltänze tanzen.
Möchten Bleistifte verkabeln.
Möchten Muscheln vernabeln.
Doch dies gelingt nicht allen Felsen.
Nur die gewichtig-schwerelosen,
die federnd-standhaften,
die zeitlos-pünktlichen.
Werden Lufttheater spielen.
Werden Seiltänze tanzen.
Werden Bleistifte verkabeln.
Werden Muscheln vernabeln.

Kopfarbeit

Ein tumber Tor sich schwor in schwierigen Lebenslagen
endlich mal mehr Kopfarbeit zu wagen.
Als es einmal galt einen Streit zu schlichten,
dachte der Tor "Ah, - Kopfarbeit verrichten."
Setzte den Kopf als Rammbock ein,
prügelte die Gegner kurz und klein.
Und als alle endlich am Boden lagen,
durfte der tumbe Tor sich sagen:
"Ohne mich in den Himmel zu heben,
ein starker Kopf ist wichtig im Leben."

Das ewige Moos

In einem Haufen Heu
raufen sich Halme ohne Scheu.
Akuter Platzmangel
ist der Grund für das Gerangel.
Sie haben ihr Gruppendasein satt,
ihr Seelenleben ist schon längstens platt.
Wie herrlich war`s im Sommer noch,
als es überall nach Wiese roch.
Wo sie sich wonnten und sonnten
und sich einfach ausbreiten konnten.
Vorbei ist`s nun mit der friedlichen Grünheit,
vorüber ist jetzt die wunderbare Zeit.
Bald schon werden sie in Kuhmägen verschwinden
und sich ihrer Halmhaftigkeit entbinden.
Und mit dem Pflanzenreigen,
ins ewige Moos aufzusteigen.
Um ohne Seufzen und Klagen,
himmlische Wurzeln zu schlagen.
Aber noch ist es nicht so weit,
noch wartet sie, die Unendlichkeit.

Der Gnom

Ein kleiner garstiger Gnom
war voller Spott und Hohn.
Die gemeinsten Sprüche der Gnom ersann,
er mokierte sich über alles und jedermann.
Als er einmal nachts spazierte,
etwas recht Merkwürdiges passierte.
Von einem Windstoß wurde er fortgeweht,
"So seht doch nur, da oben seht,
da wird er fortgetragen
in einem Himmelswagen."
Riefen tausend Stimmen wie aus einem Munde,
Lauffeuergleich verbreitete sich die Kunde.
Nun wartet er in einem Wartesaal auf dem Mond
und denkt darüber nach ob sich spotten lohnt.

Text: Rafael Bopp

Der Annäherungsversuch
Möchten Sie meine Brille lackieren,
oder möchten Sie mit meinen Waden jonglieren?
Möchten Sie mit meiner Nähmaschine hobeln,
oder möchten Sie auf meiner Glatze rodeln?
Möchten Sie mich mit Gemüse garnieren,
oder würde sie das eher genieren?
Möchten Sie mit mir einen Berg abbauen,
oder möchten Sie mir dabei zuschauen?
Möchten Sie mir eine Kuh verpachten,
oder möchten Sie sie lieber schlachten?
Möchten Sie mit mir durch das Universum schlendern,
oder möchten Sie lieber die Welt verändern?
Möchten Sie meine Seele entdecken,
oder würde Sie das zu sehr erschrecken?
Ich möchte mit Ihnen Luftschlösser bauen,
und jetzt meine Dame, ganz im Vertrauen,
ich möchte, dass Sie möchten was ich gern,
mit Ihnen täte in einem Hotel in Bern.

Das versteckte Lachen
Das Lachen wurde einst versteckt,
doch ein Komiker hatte es wieder entdeckt.
Ein Griesgram hatte es verborgen,
das Lachen machte ihm nämlich Sorgen.
Seine Lebensanschauung hatte es gestört
und lachende Leute hatten ihn empört.
Das Lachen ist jetzt wieder losgelassen,
der Komiker kann es fast nicht fassen.
Er sonnt sich im Gelächter seiner Zuschauerschar,
stimmt diese Geschichte? Gottseidank, sie ist wahr.

Zeitverschwendung
Ich habe das sehr gut durchdacht,
ab heute wird nicht mehr gelacht.
Fürs Lachen gibt es keine Verwendung,
denn Lachen ist nur Zeitverschwendung.

Leichenschänder in Scheichenländer

Das antike Rom

Der Nero war Kaiser im alten Rom,
er wohnte im Sankt Peters Dom.
Da Vinci wohnte im Turm von Pisa
mit seiner Freundin Mona Lisa.
Pisa liegt in der Lombardei,
doch eigentlich ist das einerlei.
Zusammen mit da Vincis Vater
baute man dem Nero ein Amphitheater.
Auf der ersten Treppe im zweiten Gang
kam der Albert Einstein entlang.
Der hatte das Bauwerk gut studiert
und es hatte ihm sehr imponiert.
Christopher Columbus war auch dabei,
er spazierte herum mit seinem Ei.
Doch plötzlich schrie er ganz entsetzt,
Einstein hatte sich auf sein Ei gesetzt.
Das hatte den Leonardo sehr betrübt
und er hatte den Einstein deshalb gerügt.
Das erfüllte den Einstein ganz voller Scham,
er verschwand in die Zukunft von wo er kam.
Die Relativitätstheorie war nun plötzlich verschwunden,
sie wurde erst in der Zukunft erfunden.
Columbus wurde ein Gladiatorenstar,
es ist kaum zu glauben, doch es ist wahr.
Da Vinci wurde zum Senator erkoren
und wurde dann später wiedergeboren.

Die Konkubine

Ein Mann hatte eine Konkubine,
sie war eine wunderschöne Blondine.
Er kleidete sie in Krinoline
und holte sie ab mit seiner Limousine.
Er schmierte sie ein mit Vaseline
und begattete sie in einer Latrine.
Glaubst du nun, dass das sich nicht zieme,
dann lies nochmals „da capo al fine."

Text: Eddie Hofmann

Gurzelschnupp

Schmachgelicht am Gurzelschnupp
Filterwaltung und Hasengupp.
So klicht die Parse um das Groot,
schnabenweiter am Abendbrot.
Brumsgebichtet flentzt der Schnackel,
herumgebeisst im Firmenkackel.
So schlucht der Waisenpater in die Brelle,
versuchsbekehrt in die goldene Schwelle.

Ein Fischer

Ein Fischer wurde vom Blitz getroffen
und ist dabei ganz jämmerlich ersoffen.
Sein Name war Hans-Ueli Sutter,
seitdem dient er nun den Fischen als Futter.

Anna Bolika

Die Russin Anna Bolika war die stärkste Frau auf der Welt,
sie gewann viele Goldmedaillen und einen Haufen Geld.
Doch eines schönen Morgens war sie plötzlich tot.
Sie verstarb an akuter Atemnot.
Zu viele verbotene Substanzen
spritzte sie sich täglich in den Ranzen.
Und was lernen wir daraus,
Dopingmittel sind ein Graus.

Stolprige Hasen rennen über holprige Strassen.

Hüben wie drüben üben sich Rüben in Wachstumsschüben

Listige Luder lallen lustige Lieder

Eine Stadt brökelt

Rotterdam
Ratterdom
Dotterrahm

Text: Rafael Bopp

Dass der Apfel nicht weit vom Stamm fällt, davon zeugen die nächsten Gedichte, erdichtet von Erika Hofmann (Mutter von Eddie und Rosmarie und Großmutter von Rafael) und Rosmarie Hofmann-Bopp (Tochter von Erika, Mutter von Rafael und Schwester von Eddie)

Wenn einer eine Reise tut

Wenn einer eine Reise tut,
dann tut ers für sich selber.
Er nimmt den Wanderstab und Hut,
die niemals reisen, das sind Kälber.
Man tut es um des Reisens willen,
oft auch nur, ums Fernweh zu stillen.
Man packt den Koffer und wieder aus
und wieder ein, rennt aus dem Haus.
Muss schnell den nächsten Zug erreichen,
man läuft und schwitzt zum Steinerweichen.
Und sitzt man endlich im Coupé,
wird man es inne --- oh herrjeh.
Ich hab kein' Pass und auch kein Geld
und vermutlich das Gas nicht abgestellt.
Läuft's Badewasser ungehemmt?
Die Tür verschlossen? Nicht eingeklemmt,
der Schwanz des Nachbarns Katze?
Ich grüble mir 'ne Glatze.
Und bei der nächsten Bahnstation,
da steigt man aus und läuft davon.

Text: Erika Hofmann

Böse Bauern brauchen beim Beschneiden brünstiger Bullen brutale Bewältigungsbestecke. Beim Bewältigen brüllen Bullen bestialisch.

Pornografen pinkeln pervers, prüde Pastoren pingelig, Primadonnen pathetisch, pubertierende Pfadfinder patzig, pensionierte Patriarchen peu à peu, patriotische Politiker pluralistisch, preußische Polizisten pinkeln perfekt.

Text: Rosmarie Hofmann-Bopp

.